KB082284

SPLIT POLiSh

하루에 쪼갠다

폴란드어

(알파벳에서 인사표현까지)

QR 코드 버전

하루에 쪼갠다 폴란드어 (알파벳에서 인사표현까지) QR 코드 버전

저자 _ 김지영

발행 _ 2021.04.10

펴낸이 _ 한건희

펴낸곳 _ 주식회사 부크크

출판등록 _ 2014.07.15.(제2014-16호)

주소 _ 서울 금천구 가산디지털1로 119, SK트윈타워 A동 305호

전화 _ 1670 - 8316
이메일 _ info@bookk.co.kr
www.bookk.co.kr

출판기획 _ enBergen (엔베르겐)
디자인 _ enbergen3@gmail.com

ISBN 979-11-372-4147-3

값은 표지에 있습니다.

Split it in 1 day

말하기 연습용 **MP3** 파일은
https://bit.ly/3sW6vX7
에서 무료로 이용할 수 있습니다.

QR 코드 리더 앱을 사용하시면
더욱 간편하게 **MP3** 파일을
청취/연습할 수 있습니다.

intro

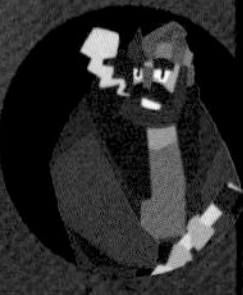

하루에 쪼갠다 XXX 시리즈에 대하여 :

'하루에 쪼갠다 XXX' 시리즈는 포스트 코로나,
뉴노멀 시대의 우리 모두를 위해 기획하였습니다.

'하루에 쪼갠다 XXX' 시리즈는
부담 없이 막간을 활용하여 핵심 지식을 챙기는
모든 분야를 망라한
자가발전 교양/학습 시리즈입니다.

'하루에 쪼갠다 XXX' 시리즈는
콤팩트한 포맷, 편하게 접근 가능한 가성비 높은,
전국민 문고 시리즈입니다.

'하루에 쪼갠다 XXX' 시리즈는
누구나 작가가 되어 자신의 콘텐츠를 나눌 수 있는
미니멀 콘텐츠 플랫폼을 추구합니다.

'하루에 쪼갠다 XXX' 시리즈와 함께
즐거운 취미/교양/문화 생활을 열어 나가길 기대합니다.

-'하루에 쪼갠다 XXX' 시리즈 저자 그룹 일동-

하루에 쪼갠다 폴란드어의 학습에 대하여 :

'하루에 쪼갠다 폴란드어 (알파벳에서 인사표현까지)'는 부담 없이 가장 빠른 시간 안에 폴란드어의 알파벳에서 인사표현, 숫자 읽기까지 한꺼번에 해결하는 '해결책'입니다.

폴란드어를 완전 처음 시작하는 학습자들에게 전혀 부담이 없도록 구성하였습니다.

'하루에 쪼갠다 폴란드어 (알파벳에서 인사표현까지)'는 폴란드어의 모음과 자음 각각의 특징을 확인하고 영어 알파벳과 비교하면서 최대한 이해를 넓혀 나갈 것입니다.

알파벳과 발음법이 정리되면 폴란드어의 대표적인 인사표현들로 폴란드어 문장에 도전합니다.

그리고 끝으로 부록부에서는 지금까지 배운 내용을 토대로 '폴란드어의 숫자 읽기'와 '폴란드어의 월명/요일명 표현들' 등으로 연습을 합니다.

이렇게 하면 우리는 순식간에 폴란드어의 알파벳에서 인사표현까지 딱! 하루 만에 쪼개는 감격적인 순간을 만끽할 수 있을 것입니다.

Contents

SPLIT IT IN 1 DAY

split it in 1 sitting.
SPLIT
IT IN
1 DAY

● We can split it in 1 sitting.

1st Split

SPLIT it in 1 day

1st Split.
폴란드어의 **알파벳**

폴란드어의 문자,
alfabet [알파벳]을 만납니다.
영어의 알파벳과 비교하며 익히면
빠르게 친해질 수 있습니다.

1st Split.
폴란드어의 **알파벳**

1st Split. 폴란드어의 알파벳
❶ 폴란드어의 이해

● 폴란드어는 우리에게 익숙한 로마 알파벳과 폴란드어에서만 볼 수 있는 독특한 모양의 몇 가지 글자로 이루어져 있습니다.

폴란드어는 다른 슬라브어와 달리 우리에게 익숙한
로마 알파벳을 사용합니다.
때문에 처음 시작하기에 거부감이 없습니다.

폴란드어 알파벳은
24개의 라틴어 알파벳(초기에는 20개뿐이었음)과
폴란드어 고유의 소리를 표시할 수 있는 특별한 문자를
추가하여 완성되었습니다.
폴란드어 고유의 소리는 특별한 기호를 만들어 붙이거나,
하나의 음을 두 개의 글자로 표현하는 방식으로 만들었습니다.

때문에 어떤 부분이 영어 알파벳과 다른지
약간만 신경 쓰면 의외로 쉽게 폴란드어 알파벳과 친해질 수 있습니다.

자! 그럼 폴란드어 알파벳을 만나 보겠습니다.
먼저 한 번 찬찬히 살펴봐 주십시오!

먼저 전체적으로 한 번 듣고, 영어와는 어떻게 다른지 확인해 봅시다!

Aa
아 [ㅏ]

알파벳 대문자 / 소문자
알파벳 이름 [**우리말 음가**]

A a 아 [ㅏ] P00-01	**Ą ą** 옹 [옹] P00-02	**B b** 베 [ㅂ] P00-03
C c 체 [ㅊ] P00-04	**Ć ć** 치에 [치] P00-05	**D d** 데 [ㄷ] P00-06
E e 에 [ㅔ] P00-07	**E e** 엥 [엥] P00-08	**F f** 에프 [ㅍ] P00-09
G g 기에 [ㄱ] P00-10	**H h** 하 [ㅎ] P00-11	**I i** 이 [ㅣ] P00-12

1st Split.
폴란드어의 알파벳

J j 요트 [이] P00-13	**K k** 카 [ㅋ/ㄲ] P00-14	**L l** 엘 [ㄹ] P00-15
Ł ł 에우 [우] P00-16	**M m** 엠 [ㅁ] P00-17	**N n** 엔 [ㄴ] P00-18
Ń ń 에인 [니/인] P00-19	**O o** 오 [ㅗ] P00-20	**Ó ó** 오크레스코바네 [ㅜ] P00-21
P p 페 [ㅍ/ㅃ] P00-22	**R r** 에르 [ㄹ] P00-23	**S s** 에스 [ㅅ] P00-24
Ś ś 에시 [시] P00-25	**T t** 테 [ㅌ/ㄸ] P00-26	**U u** 우 [ㅜ] P00-27

Ww
부 [ㅂ]
P00-28

Yy
이그렉크 [ㅣ/ㅡl]
P00-29

Zz
제트 [ㅈ]
P00-30

Żż
젯스크로프콩[쥬]
P00-31

Źź
젯 스 크레스콩 [지]
P00-32

Ż ż (젯 스 크로프콩)은 (줴트)로,
Ź ź (젯 스 크레스콩)은 (지에트)로 간결하게 부릅니다.
(이하 간결하게 표현합니다.)

1st Split.
폴란드어의 **알파벳**

1st Split. 폴란드어의 알파벳
❷ 폴란드어의 친숙한 알파벳들

● 대부분은 우리가 알고 있는 알파벳과 똑같습니다.
다음의 철자들이 그렇습니다.

❶ **p** (페), **t** (테), **k** (카) 발음은 [ㅍ, ㅌ, ㅋ]와 [ㅃ, ㄸ, ㄲ]의 중간 발음입니다.

P01-01
kawa
[카바/까바] 커피

P01-02
papryka
[파프리카/파쁘리까] 고추

kawa [카바/까바] (커피)에서 알 수 있듯이
폴란드어 알파벳 **w** (부)는 영어의 **v**와 같습니다.

폴란드의 수도, '바르샤바' (**Warszawa**)를
영어권 사람들이 '와소우'라고 부르지만 '바르샤바'가 정확한 발음입니다.

❷ 폴란드어 알파벳 **ł** (에우)는 영어의 **w**, [ㅜ] 발음입니다.

P01-03 **łaska**
[와스카] 친절

❸ 알파벳 **j** (요트)는 모음과 만나 이중모음화 됩니다.

P01-04 **jama**
[야마] 동굴

❹ 알파벳 **y** (이그렉크)는 [ㅢ] 발음과 가깝습니다.
알파벳 I (이)와 발음이 구별됩니다.

P01-05 **być**
[븨치/브치] ~이다(영어의 **be**동사)

P01-06 **bić**
[비치] 때리다

1st Split.
폴란드어의 **알파벳**

1st Split. 폴란드어의 알파벳
❸ 폴란드어 알파벳의 매력

● 독특한 모양의 폴란드어 알파벳이 몇 가지 더 있습니다.

❶ **a** (아)와 **e** (에)에 '꼬지'를 붙여 만든 비모음 (콧소리 나는 모음) **ą** [옹], **ę** [엥]이 있습니다.

P01-07
mąka
[몽카] 밀가루

P01-08
język
[옝직] 언어

❷ 알파벳 **o** (오) 위에 빗금이 붙은 **ó** (오 크레스코바네)는 [ㅜ] 발음입니다.

P01-09
góra
[구라] 산

❸ 자음에 빗금이 붙으면 부드러운 자음이 됩니다.
그래서 **ć** [치], **ś** [시], **ź** [지]는 **ć = ci, ś = si, ź = zi**와 같습니다.

P01-10 **Cześć!**
[췌시치!] 안녕!

❹ 빗금이 붙은 **ń** (에인)은 **in** [인]으로 발음합니다.

P01-11 **koń**
[코인] 말(동물)

폴란드어는 알파벳과 다른 모양의 문자가 낯설 뿐이지
까다롭거나 어려운 수준은 아닙니다.
오히려 이들 문자 덕분에 '아! 폴란드어네!' 할 수 있는
고유의 특징이 될 수 있습니다.

1st Split.
폴란드어의 **알파벳**

1st Split. 폴란드어의 알파벳
❹ 1st Split.의 핵심단어 발음연습 코너!

● **1st Split.** 의 '핵심단어'를 연습합니다.

P01-01 **kawa**
[**카바/까바**] 커피

P01-02 **papryka**
[**파프리카/파쁘리까**] 고추

P01-03 **łaska**
[**와스카**] 친절

P01-04 **jama**
[**야마**] 동굴

P01-05 **być**
[**빋치/브치**] ~이다

P01-06 **bić**
[**비치**] 때리다

P01-07 **mąka**
[**몽카**] 밀가루

P01-08 **język**
[**옝직**] 언어

P01-09 **góra**
[**구라**] 산

P01-10 **Cześć!**
[**췌시치!**] 안녕!

● **1st Split.** 의 '핵심단어'를 연습합니다.

P01-11 **koń**
[코인] 말(동물)

- We can split it in 1 sitting.

We can split it in 1 sitting.

d Split

SPLIT  Split it in 1 day! 

SPLIT it in 1 day

2nd Split.
폴란드어의 **자음들**

폴란드어는 '자음의 언어'라고 할 정도로
자음이 매우 특징적입니다.
폴란드어 자음들의 강렬한 개성을
확인하는 시간입니다.

2nd Split.
폴란드어의 **자음들**

2nd Split. 폴란드어의 자음들
❶ 폴란드어의 '커플' 자음들

● 폴란드어는 자음의 언어입니다.
폴란드어는 우리말보다 훨씬 많은 수의 자음을 가지고 있습니다.

폴란드어는 본래 자음이 많아서 로마 알파벳이외의
'독특한 모양의 폴란드식 자음'을 만들어냈으며,
여기서 더 나아가 자음을 짝지어서
'커플형 자음'까지 만들게 되었던 것입니다.
그러니까 두 개의 자음으로 하나의 소리를 만든 것입니다.

다음과 같은 것들이 있습니다.

CH ch
하 [**ㅎ**]

CZ cz
췌 [**츄**]

DZ dz
데제트 [**ㅈ**]

DŻ dż
데줴트 [**지**]

DŹ dź
데지에트 [**쥬**]

RZ rz
에르제트 [**쥬**]

SZ sz
에스제트 [**슈**]

❶ **ch** (하)는 알파벳 **h**와 같은 발음입니다.

P02-01 **chata**
[하타] 오두막

❷ **cz** (체제트)는 영어의 '**church**'에서 **ch**와 같습니다.
알파벳 **c** (체)와 **cz**의 차이점은 입술 모양입니다.
c는 입술을 평평하게 하여, 우리말 [ㅊ]과 같고,
cz는 입술을 둥글게 해서 [추]와 [츄]의 중간으로 발음합니다.
(이하 **cu** [추]와 구분하기 위해 **cz** [츄]로 표기했습니다.)

P02-02 **czar**
[좌르] 마술

P02-03 **car**
[차르] 황제

❸ **dż** [쥬], **rz** [쥬], **sz** [슈] 역시 입술을 오므려 발음하면 됩니다.

P02-04 **dżem**
[졤] 잼

P02-05 **rzeka**
[줴카] 강

2nd Split.
폴란드어의 **자음들**

P02-06 **szef**
[셰프] 우두머리

❹ **dź** (데지에트)는 우리말의 [지]와 같습니다.
그리고 빗금이 붙은 **dź**는 [이] 음을 덧붙여 발음하는 것이니까
[지]로 발음하면 됩니다.

P02-07 **dzwonek**
[즈보넥] 초인종

P02-08 **dźwięk**
[지비엥크] 소리/음

2nd Split. 폴란드어의 자음들!
❷ 다양한 색깔의 [ㅈ] 음들!

Z (제트), **Ż** (줴트), **Ź** (지에트),

RZ (에르제트), **DZ** (데제트), **DŻ** (데줴트), **DŹ** (데지에트)

발음기호로 표기된 폴란드어 알파벳을 보면
유독 많은 [ㅈ] 발음 때문에 혼돈스러울 수 있습니다.
정확하게 우리말로 표기하기 어렵지만
듣기연습으로 친해지는 것이 제일 좋은 방법입니다.

자! 그래서 준비했습니다.
이미 배운 단어들을 다시 복습하면서, [ㅈ]과 친해지는 시간입니다.

P02-09 **impreza**
[임프레자] 파티

P02-10 **dzwonek**
[즈보넥] 초인종

P02-11 **żal**
[좔] 슬픔

P02-12 **rzeka**
[줴카] 강

ż (줴트)와 **rz** (에르제트)는 발음이 [쥬]로 똑같습니다.
철자만 다를 뿐입니다.
유사한 철자들이 또 있습니다.
h (하)와 **ch** (체하) [ㅎ], **u** (우)와 **ó** (오 크레스코바네) [ㅜ]입니다.

외국어를 배울 때, 가장 중요한 포인트는
'발음을 똑같이 흉내 내는 것'입니다.
우리에게 익숙하지 않은 발음은 우리말로 표기하기도 어렵습니다.

그렇기 때문에 가장 훌륭한 방법은
'듣고 그대로 따라하기'입니다.
'최대한 많이 듣고, 소리를 흉내 내는 연습'이야말로
'낯선 외국어에 대처하는 가장 바람직한 자세'입니다.

2nd Split.
폴란드어의 **자음들**

2nd Split. 폴란드어의 자음들
❸ 2nd Split.의 핵심단어 발음연습 코너!

● **2nd Split.**의 핵심단어를 연습합니다.

P02-01 **chata**
[하타] 오두막

P02-02 **czar**
[차르] 마술

P02-03 **car**
[차르] 황제

P02-04 **dżem**
[젬] 잼

P02-05 **rzeka**
[줴카] 강

P02-06 **szef**
[셰프] 우두머리

P02-07 **dzwonek**
[즈보넥] 초인종

P02-08 **dźwięk**
[지비엥크] 소리/음

P02-09 **impreza**
[임프레자] 파티

P02-10 **dzwonek**
[즈보넥] 초인종

2nd Split.의 핵심단어를 연습합니다.

P02-11 **żal**
[좔] 슬픔

P02-12 **rzeka**
[줴카] 강

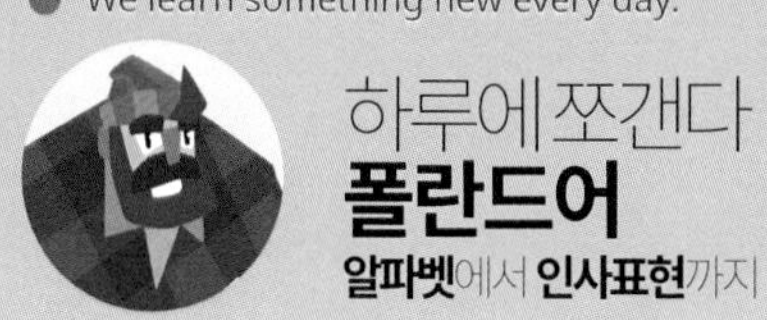

SPLIT
IT IN
1 DAY

3rd Split

SPLIT it in 1 day

3rd Split.
폴란드어의 **발음 규칙 총정리**

폴란드어의 발음 규칙을
총정리 하는 시간입니다.
기본 원리를 알면 폴란드어 발음 규칙은
쉽게 해결할 수 있습니다.

3rd Split.
폴란드어의 **발음 규칙 총정리**

3rd Split. 폴란드어의 발음 규칙 총정리
❶ 폴란드어 자음의 2가지 핵심

● 폴란드어 자음의 가장 큰 특징은 크게 2가지로 말할 수 있습니다.

하나는 성대가 떨리는 소리, 즉 '유성음'입니다.
b (베) [ㅂ], **d** (데) [ㄷ], **g** (기에) [ㄱ], **w** (부) [ㅂ], **z** (제트) [ㅈ] 등입니다.
다른 하나는 성대가 떨리지 않는 소리, 즉 '무성음'입니다.
p (페) [ㅍ/ㅃ], **t** (테) [ㅌ/ㄸ], **k** (카) [ㅋ/ㄲ], **s** (에스) [ㅅ] 등입니다.
목젖 위에 손을 올려놓고 발음해 보면 손끝에 미세한 떨림의 차이가 느껴질 것입니다. 이런 방식으로 폴란드어 자음을 분류하면 다음과 같은 그룹이 만들어집니다.

(1) 유성음 자음 :
b (베) **[ㅂ]**, **d** (데) **[ㄷ]**, **g** (기에) **[ㄱ]**, **w** (부) **[ㅂ]**,
z (제트) **[ㅈ]**, **dz** (데제트) **[ㅈ]**, **dż** (데줴트) **[쥬]**, **dź** (데지에트) **[지]**,
ź (지에트) **[지]**, **ż/rz** (줴트/에르제트) **[쥬]**

(2) 무성음 자음 :
p (페) **[ㅍ/ㅃ]**, **t** (테) **[ㅌ/ㄸ]**, **k** (카) **[ㅋ/ㄲ]**, **f** (에프) **[ㅍ]**, **s** (에스) **[ㅅ]**,
c (체) **[ㅊ]**, **cz** (체제트) **[츄]**, **ć** (치에) **[치]**, **ś** (에시) **[시]**, **sz** (에스제트) **[슈]**

폴란드어 대부분의 자음은 유성음과 무성음이 서로 대응되는 짝을 가지고 있습니다.
이런 대응 방식을 알면 폴란드어 발음 규칙의 핵심을 이해할 수 있습니다.
각각의 자음은 다음과 같은 모습입니다.

p (페) - **b** (베) **t** (테) - **d** (데) **k** (카) - **g** (기에)
[ㅍ] [ㅂ] [ㅌ] [ㄷ] [ㅋ] [ㄱ]

f (에프) - **w** (부) **s** (에스) - **z** (제트)
[ㅍ] [ㅂ] [ㅅ] [ㅈ]

c (체) - **dz** (데제트) **cz** (체제트) - **dż** (데줴트) **ć** (치에) - **dź** (데지에트)
[ㅊ] [ㅈ] [츄] [쥬] [치] [지]

ś (에시) - **ź** (지에트) **sz** (에스제트) - **ż/rz** (줴트/에르제트)
[시] [지] [슈] [쥬]

이상의 5가지 경우는 상식적이라고 할 수 있습니다.
다음에 소개할 5가지는 다분히 폴란드적인 특성입니다.
때문에 외우려고 하기보다는 일단은 이해하는 것이 좋습니다.

3rd Split. 폴란드어의 발음 규칙 총정리
❷ 폴란드어 발음 규칙의 비법

● 자음의 '짝꿍'을 알면 폴란드어 발음 규칙이 갑자기 쉬워집니다.
다음의 5가지를 기억해주십시오.

❶ 단어 마지막 유성음은 무조건 무성음화 됩니다.

3rd Split.
폴란드어의 **발음 규칙 총정리**

P03-01 **Łódź**
[우치] 우치

P03-02 **Wrocław**
[브로츠와ㅍ] 브로츠와프

Łódź [우치]는 **dź** (데지에트)가 마지막에 있기 때문에 [지]가 아닌 **ć** [치]로 발음이 됩니다. **Wrocław** [브로츠와ㅍ]의 마지막 자음 **w** (부)도 [ㅂ]이 아닌 **f** [ㅍ]로 발음이 변합니다.

❷ 알파벳 **j** (요트), **ł** (에우)는 모음 앞에 오면 이중모음화 됩니다. (**jama** [야마] 동굴) 그러나 모음 뒤에 오면 각각 [이], [우]의 모음으로 발음됩니다.

P03-03 **pokój**
[포쿠이] 방

P03-04 **dół**
[두우] 밑바닥/아래

❸ **prz-** (페에르제트), **tw-** (테부), **trz-** (테에르제트), **czw-** (체제트부)로 시작되는 단어는 뒤의 자음이 무조건 무성음화 됩니다.

P03-05 **przyjaciel**
[프쉬야치엘] 친구

P03-06 **twarz**
[트파슈] 얼굴

P03-07 **czwartek**
[츠파르텍] 목요일

P03-08 **trzy**
[트쉬/취] 3

뒤의 자음 **rz** (에르제트), **w** (부)가 자신의 짝꿍인 **sz** (에스제트), **f** (에프)로 발음됩니다. 특히 숫자 3, **trzy** [트쉬]는 빨리 발음하면, **trz** [트슈]가 **cz** [츄]로 발음이 변합니다.

❹ '유성음 + 무성음'일 때는, 앞의 유성음이 뒤의 자음처럼 무성음화 됩니다.

P03-09 **książka**
[크숑슈카] 책

P03-10 **babcia**
[밥치아] 할머니

-żk- (줴트카)에서 **ż** (줴트)는 유성음, **k** (카)는 무성음입니다.
그래서 **ż** [쥬]가 **sz** [슈]로 됩니다.
-bc- (베체)에서 **b** (베)는 유성음, **c** (체)는 무성음입니다.
즉 **b** [ㅂ]의 짝인 **p** [ㅍ]로 바꾸어 발음합니다.

❺ 이번에는 거꾸로 '무성음 + 유성음'인 경우, 앞의 무성음이 뒤의 자음처럼 유성음화 됩니다.

P03-11 **liczba**
[리쥬바] 수/숫자

P03-12 **prośba**
[프로지바] 요구/신청

cz [츄] 무성음이 뒤의 유성음 **b** [ㅂ] 때문에 유성음화 되어 **dż** [쥬]로 발음됩니다.
그리고 **ś** [시]가 뒤의 자음 **b** [ㅂ]와 같은 유성음 **ź** [지]로 발음됩니다.

3rd Split.
폴란드어의 **발음 규칙 총정리**

3rd Split. 폴란드어의 발음 규칙 총정리
❸ **3rd Split.**의 핵심단어 발음연습 코너!

● **3rd Split.**의 '핵심단어'를 연습합니다.

P03-01 **Łódź**
[우치] 우치

P03-02 **Wrocław**
[브로츠와ㅍ] 브로츠와프

P03-03 **pokój**
[포쿠이] 방

P03-04 **dół**
[두우] 밑바닥/아래

P03-05 **przyjaciel**
[프쉬야치엘] 친구

P03-06 **twarz**
[트파슈] 얼굴

P03-07 **czwartek**
[츠파르텍] 목요일

P03-08 **trzy**
[트쉬/취] 3

P03-09 **książka**
[크숑슈카] 책

P03-10 **babcia**
[밥치아] 할머니

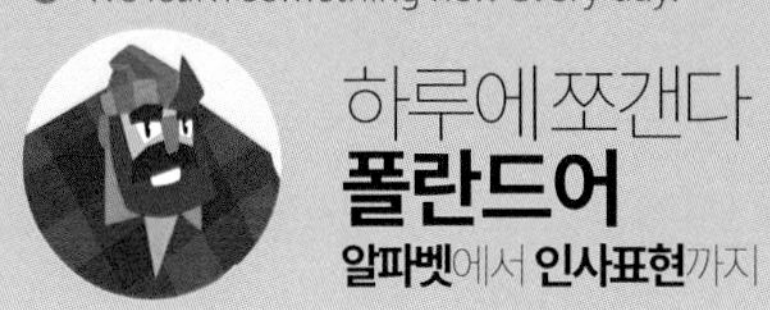

3rd Split.의 '핵심단어'를 연습합니다.

P03-11 **liczba**
[리쥬바] 수/숫자

P03-12 **prośba**
[프로지바] 요구/신청

We can split it in 1 sitting.

SPLIT IT IN 1 DAY

4th Split

SPLIT it in 1 day

4th Split.
폴란드어의 **지소어 발음연습**

폴란드어에는 이름을 부를 때
좀 더 친밀함을 표현하는
'지소어'가 있습니다.
지소어와 함께 폴란드어 발음을 연습합니다.

4th Split.
폴란드어의 지소어 발음연습

4th Split. 폴란드어의 지소어 발음연습
❶ 폴란드어 이름의 지소어

● 폴란드 사람들은 좀 더 친근하게 상대를 부를 때 '지소어'를 사용합니다.

지소어 (작은말)는 일종의 친근한 명칭/별칭입니다.
폴란드 사람들은 본명과 지소명을 함께 사용합니다.
본명은 공식적인 장소/문서 등에 쓰는 이름이고,
지소명은 가족끼리, 친구끼리 쓰는 이름입니다.
지소어를 사용하면 상대방과 조금 더 친밀한 관계임을 의미합니다.
자, 그래서 폴란드인의 대표적인 이름과 지소명 몇 가지를 소개합니다.

P04-01 **Anna** [안나]

P04-02 **Ania** [아니아]

P04-03 **Adam** [아담]

P04-04 **Adaś** [아다시]

P04-05 **Agnieszka** [아그니에슈카]

P04-06 **Agnisia** [아그니시아]

P04-07 **Jan** [얀]

P04-08 **Janek/Jaś** [야넥/야시]

P04-09 **Barbara**
[바르바라]

P04-10 **Basia**
[바시아]

P04-11 **Jerzy**
[예쥐]

P04-12 **Jurek**
[유렉]

P04-13 **Katarzyna**
[카타쥐나]

P04-14 **Kasia**
[카시아]

P04-15 **Krzystof**
[크쉬스토프]

P04-16 **Krzysiek/Krzyś**
[크쉬셰크/크쉬시]

P04-17 **Krystyna**
[크리스티나]

P04-18 **Krysia**
[크리시아]

P04-19 **Marek**
[마렉]

P04-20 **Mareczek**
[마레췌크]

P04-21 **Maria**
[마리아]

P04-22 **Marysia**
[마리시아]

P04-23 **Wojciech**
[보이치에흐]

P04-24 **Wojtek/Wojtuś**
[보이텍/보이투시]

We can split it in 1 sitting.

SPLIT IT IN 1 DAY

SPLIT
POLISH

5th Split

SPLIT it in 1 day

5th Split.
폴란드어의 **인사표현**

우리의 첫 폴란드어 문장은 '인사표현'입니다.
인사로 시작하는 폴란드어 시간입니다.

5th Split.
폴란드어의 **인사표현**

5th Split. 폴란드어의 인사표현
❶ 국가대표급 폴란드어의 인사표현

● 우리들의 첫 폴란드어, 인사표현으로 시작해 보겠습니다.
폴란드에는 사랑스런 인사법, '볼 키스'가 있습니다.
다른 서유럽 방식과는 다르게 폴란드에서는
서로 살짝 손으로 어깨를 감싸고, 세 번 볼을 맞댑니다.

폴란드 사람들이 집 밖에서 인사할 때는 눈을 마주 보고,
입가에 살짝 미소를 지으며 인사말을 전합니다.
처음부터 악수 인사를 하진 않습니다.
소개를 받았을 때 윗사람이 아랫사람에게,
또는 여성이 남성에게 먼저 손을 내밀면 그때 악수를 합니다.

자! 그럼 본격적으로 인사표현을 만나보겠습니다.

● **dzień [진]** 날/하루, **dobry [도브리]** 좋은

P05-01

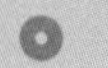

Dzień dobry!

[진 도브리!] 안녕하세요! (오전/오후 인사)

영어의 경우 오전, 오후 인사가 따로 존재하지만
폴란드어는 오전, 오후 상관없이 **Dzień dobry!** [진 도브리!] 하나로
해결합니다. **Dzień dobry!**는 만나면 자동적으로 나오는
국가대표급 폴란드어 인사말입니다.

다음은 저녁 인사와 밤인사입니다.

● **wieczór [비에츄르]** 저녁, **noc [노츠]** 밤

P05-02 **Dobry wieczór!**
[도브리 비에츄르!] 안녕하세요!

P05-03 **Dobranoc!**
[도브라노츠!] 안녕히 주무세요!

오전, 오후 인사인 '진 도브리!'는 '날 + 좋은!'의 구조이지만, 그 외의 인사(저녁, 밤인사)는 상식적인 어순 즉, '좋은 + 저녁(밤)'의 형태입니다. 특별히 밤인사 '도브라노츠!'는 '좋은'(**dobry**)과 '밤'(**noc**)으로 된 한 단어입니다.

5th Split. 폴란드어의 인사표현
❷ 헤어질 때 폴란드어의 인사표현

● 헤어질 때 인사 표현은 격식과 상관없이 사용합니다.
다음의 두 표현을 가장 많이 사용합니다.

● **do [도]** ~로/~할 때까지 (영어의 전치사 **to**와 같음),
widzenie [비제니에] 보기/보는 것, **zobaczenie [조바췌니에]** 보기/보는 것

P05-04 **Do widzenia!**
[도 비제니아!] 안녕히 가세요!

P05-05 **Do zobaczenia!**
[도 조바췌니아!] 안녕히 가세요!

5th Split.
폴란드어의 **인사표현**

Cześć! [췌시치!] (안녕!)라는 인사표현이 있습니다.
격식 없이 나누는 인사말로, 만날 때와 헤어질 때 모두 사용합니다.
물론 친구 사이에만 쓸 수 있습니다.
여기에 영어의 **Bye.** (안녕.)에 해당하는
Pa! [파!]를 붙여주면 더욱 친근한 작별인사가 됩니다.

P05-06 **Cześć!**
[췌시치!] 안녕!

P05-07 **Cześć! Pa!**
[췌시치! 파!] 안녕! 잘 가!

P05-08 **Pa, pa!**
[파, 파!] 바이바이!

헤어질 때 하는 인사는 두 단어를 거의 붙여 말하듯 발음합니다.
마치 한 단어처럼 말한다고 생각하면 됩니다.
폴란드 사람들이 말할 땐 딱 한 단어처럼 들립니다.

● **jutro [유트로]** 내일, **na [나]** ~에/~을 위해 (영어의 전치사 **at, for**와 같음), **raz [라스]** 번/회

P05-09 **Do jutra!**
[도 유트라!] 내일 보자!

P05-10 **Na razie!**
[나 라지에!] 당분간 잘 지내!

5th Split. 폴란드어의 인사표현
❸ 만능표현의 종결자, Proszę

● **Proszę** [프로셰/프로솅]은 영어의 **please**입니다.
'**Proszę** + 동사원형.'의 형태로 공손하게 표현할 수도 있습니다.
그렇지만 대부분의 일상에서는 뒤의 동사는 빼고
Proszę [프로셰/프로솅] 한마디로 모든 상황을 해결합니다.

그래서 '앉으세요, 들어오세요, 드세요.' 등등
Proszę [프로셰/프로솅] 하나로 다 됩니다.
그야말로 '폴란드어 만능표현의 종결자'라고 할 수 있습니다.

이때 마지막 모음 **ę** [엥] 발음에서 비음을 빼고
그냥 [에]로 발음하는 것이 더욱 자연스럽습니다.

P05-11 **Proszę?**
[프로셰/프로솅?] 앉아도 될까요? (함께 앉아 식사를 해도 될까요?)

P05-12 **Proszę.**
[프로셰/프로솅.] 네, 괜찮습니다. (앉으세요.)

5th Split.
폴란드어의 **인사표현**

5th Split. 폴란드어의 인사표현
❹ 5th Split.의 핵심단어 발음연습 코너!

● **5th Split.**의 '핵심단어'를 연습합니다.

P05-01 **Dzień dobry!**
[진 도브리!] 안녕하세요!

P05-02 **Dobry wieczór!**
[도브리 비에츄르!] 안녕하세요!

P05-03 **Dobranoc!**
[도브라노츠!] 잘 자!

P05-04 **Do widzenia!**
[도 비제니아!] 안녕히 가세요!

P05-05 **Do zobaczenia!**
[도 조바췌니아!] 안녕히 가세요!

P05-06 **Cześć!**
[췌시치!] 안녕!

P05-07 **Cześć! Pa!**
[췌시치! 파!] 안녕! 잘 가!

P05-08 **Pa, pa!**
[파, 파!] 바이바이!

P05-09 **Do jutra!**
[도 유트라!] 내일 보자!

P05-10 **Na razie!**
[나 라지에!] 당분간 잘 지내!

5th Split.의 '핵심단어'를 연습합니다.

P05-11 **Proszę?**

[프로셰/프로솅?] 앉아도 될까요?

P05-12 **Proszę.**

[프로셰/프로솅.] 네, 앉으세요.

We can split it in 1 sitting.

SPLIT IT IN 1 DAY

INTERCONTINENTAL
INTERCONTINENTAL

APPENDIX

SPLIT it in 1 day

부록 :
폴란드어의 **알파벳**과 **발음법** 복습

부록편에서는 지금까지 배운
폴란드어의 알파벳과 발음법을 활용하여
가장 중요한 폴란드어 숫자 읽기와
월명/요일명 표현들을 정리하여
정확한 발음으로 연습해보겠습니다.

Appendix
폴란드어의 **알파벳**과 **발음법 복습**

부록 : 폴란드어의 알파벳과 발음법 복습
❶ 폴란드어의 숫자로 발음법 간단 확인!

● 지금까지 배운 알파벳과 발음법을 상기하며
폴란드어 숫자를 연습해 보겠습니다.

PA1-01 **jeden**
[예덴] 1

PA1-02 **dwa**
[드바] 2

PA1-03 **trzy**
[취] 3

PA1-04 **cztery**
[츄테리] 4

PA1-05 **pięć**
[피엥치] 5

PA1-06 **sześć**
[셰시치] 6

PA1-07 **siedem**
[시에뎀] 7

PA1-08 **osiem**
[오시엠] 8

PA1-09 **dziewięć**
[지에비엥치] 9

PA1-10 **dziesięć**
[지에시엥치] 10

지금까지 배운 알파벳과 발음법을 상기하며
폴란드어 숫자를 연습해 보겠습니다.

PA1-11 **jedenaście**
[예데나시치에] 11

PA1-12 **dwanaście**
[드바나시치에] 12

PA1-13 **trzynaście**
[취나시치에] 13

PA1-14 **czternaście**
[츄테르나시치에] 14

PA1-15 **piętnaście**
[피엥트나시치에] 15

PA1-16 **szesnaście**
[셰스나시치에] 16

PA1-17 **siedemnaście**
[시에뎀나시치에] 17

PA1-18 **osiemnaście**
[오시엠나시치에] 18

PA1-19 **dziewiętnaście**
[지에비엥트나시치에] 19

PA1-20 **dwadzieścia**
[드바지에시치아] 20

Appendix
폴란드어의 알파벳과 발음법 복습

지금까지 배운 알파벳과 발음법을 상기하며
폴란드어 숫자를 연습해 보겠습니다.

PA1-21 **trzydzieści**
[취지에시치] 30

PA1-22 **czterdzieści**
[츄테르지에시치] 40

PA1-23 **pięćdziesiąt**
[피엥치지에시옹트] 50

PA1-24 **sześćdziesiąt**
[셰시치지에시옹트] 60

PA1-25 **siedemdziesiąt**
[시에뎀지에시옹트] 70

PA1-26 **osiemdziesiąt**
[오시엠지에시옹트] 80

PA1-27 **dziewięćdziesiąt**
[지에비엥치지에시옹트] 90

PA1-28 **sto**
[스토] 100

PA1-29 **dwieście**
[드비에시치에] 200

PA1-30 **trzysta**
[취스타] 300

지금까지 배운 알파벳과 발음법을 상기하며
폴란드어 숫자를 연습해 보겠습니다.

PA1-31 **czterysta**
[츄테리스타] 400

PA1-32 **pięćset**
[피엥치셋] 500

PA1-33 **sześćset**
[셰시치셋] 600

PA1-34 **siedemset**
[시에뎀셋] 700

PA1-35 **osiemset**
[오시엠셋] 800

PA1-36 **dziewięćset**
[지에비엥치셋] 900

PA1-37 **tysiąc**
[티시옹츠] 1000

PA1-38 **dwa tysiące**
[드바 티시옹체] 2000

PA1-39 **dziesięć tysięcy**
[지에시엥치 티시엥치] 10,000

PA1-40 **sto tysięcy**
[스토 티시엥치] 100,000

Appendix
폴란드어의 알파벳과 발음법 복습

부록 : 폴란드어의 알파벳과 발음법 복습
❷ 폴란드어의 월명/요일명 표현 연습!

● 아울러 중요한 월명/요일명의 정확한 발음을 연습합니다.

PA2-01 **styczeń** [스티체인] 1월

PA2-02 **luty** [루티] 2월

PA2-03 **marzec** [마줴츠] 3월

PA2-04 **kwiecień** [크피에치에인] 4월

PA2-05 **maj** [마이] 5월

PA2-06 **czerwiec** [췌르비에츠] 6월

PA2-07 **lipiec** [리피에츠] 7월

PA2-08 **sierpień** [시에르피에인] 8월

PA2-09 **wrzesień** [브줴시에인] 9월

PA2-10 **październik** [파지지에르닉] 10월

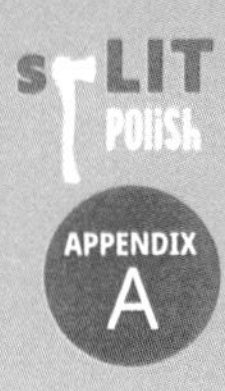

아울러 중요한 월명/요일명의 정확한 발음을 연습합니다.

PA2-11 **listopad**
[리스토파트] 11월

PA2-12 **grudzień**
[그루지인] 12월

PA2-13 **poniedziałek**
[포니에지아웩] 월요일

PA2-14 **wtorek**
[프토렉] 화요일

PA2-15 **środa**
[시로다] 수요일

PA2-16 **czwartek**
[츄파르텍] 목요일

PA2-17 **piątek**
[피옹텍] 금요일

PA2-18 **sobota**
[소보타] 토요일

PA2-19 **niedziela**
[니에지엘라] 일요일